CÓMO INVERTIR EN BOLSA DESDE CASA

Método práctico y real para obtener ingresos millonarios

Bernardo Ripoll

Título: Cómo invertir en bolsa desde casa:
Método práctico y real para obtener ingresos millonarios

© 2016, Bernardo Ripoll E.

1ª edición - Diciembre de 2016

ISBN-10: 1541052609

ISBN-13: 978-1541052604

Todos los derechos reservados

Índice

PREFACIO 7

CONCEPTOS INTERESANTES EN ECONOMÍA........................9

El dinero 9

Inflación 11

Bancos 13

Pensión pública en España 15

La bolsa 17

Inversión y Especulación 18

Activos financieros 19
    Renta fija 20
    Renta variable 20
    Productos derivados 21
    Fondos de inversión 22

INVERTIR EN BOLSA 27

Riesgos 27

Rentabilidad 29

Método a usar para invertir en bolsa: Parte teórica 32
    En qué consiste 32
    Por qué elegir esta estrategia 34
    Cómo funciona: El interés compuesto 37
    Dudas que pueden surgir 40

Método a usar para invertir en bolsa: Parte práctica 45
   Paso 1: Elegir y abrir cuenta con un bróker 45
   Paso 2: Elegir los fondos de inversión 48
   Paso 3: Automatizar tu inversión 50

RESUMEN: PUNTOS CLAVE 55

PALABRAS FINALES 57

Prefacio

En este libro explicaré al lector de una forma práctica y concisa, **cómo INVERTIR de forma inteligente** a largo plazo. Enseñaré un método de inversión, basado en el poder del interés compuesto, **para que puedas obtener tu libertad financiera e incluso jubilarte millonario**.

Esta filosofía de inversión puede ser practicada por cualquier persona, no hay un límite de edad ni necesidad de tener ningún conocimiento previo, así que lo más importante es empezar. El tiempo es un factor clave, por tanto, cuanto antes empieces antes empezarás a generar tu patrimonio y alcanzar tu objetivo deseado.

Hay muchos libros acerca de esta filosofía de inversión, pero encuentro que siempre son muy técnicos, dando a veces demasiada información llegando a confundir y saturar a aquellas personas que desean invertir por primera vez. A la hora de invertir, necesitas usar un método REAL y que no dependa de tus emociones o de tu estado de ánimo, pues suele estar destinado al fracaso (quizá no hoy o mañana, pero si en algún momento). Necesitas un sistema automático que trabaje por ti sin necesidad de tu intervención, un sistema que te genere beneficios de forma simple y pasiva.

El libro lo he dividido en dos secciones diferenciadas, que pueden ser leídas de forma independiente.

En la primera parte, explico brevemente algunos conceptos económicos que considero interesantes y que cualquier persona debería tener al menos una idea sobre ellos.

En la segunda parte, es donde entramos en materia y explico el método a usar para invertir en bolsa. Esta parte está subdividida a su vez en dos, la primera explica de forma teórica cómo funciona el método, mientras que en la última parte enseño paso a paso cómo ponerlo en marcha.

Espero que mi pequeña aportación te ayude a ver las inversiones desde otro punto de vista, de una manera en la que cualquier persona con disciplina y tiempo puede ser inversor y ganar dinero sin necesidad de grandes capitales, fórmulas mágicas o contratar a caros asesores que miran por sus intereses y no por el tuyo.

Conceptos interesantes en economía

El dinero

Uno de los objetivos más perseguidos generalmente es, sin lugar a dudas, el dinero. Pero...

¿Qué es el dinero en sí?

El dinero es todo bien o activo que puede usarse como medio de pago.

Dicho dinero ha ido evolucionando con el paso del tiempo. En sus orígenes se usaba el truque directo, es decir, si te sobraba 1 saco de trigo y necesitabas 1 saco de arroz, se producía un intercambio con dichos productos como moneda. Si bien era una forma fácil de intercambiar bienes y servicios, era ineficiente.

Más tarde, se empezó a utilizar los metales preciosos como dinero, típicamente el oro y la plata.

No fue hasta el siglo XX cuando se introdujo el concepto de usar papel como moneda, y más recientemente, el concepto de dinero electrónico.

Después de esta breve introducción histórica, ¿qué hay que destacar del mismo?

Habitualmente, la gente asocia erróneamente el concepto de dinero con el de poder, o dinero y riqueza. Estas creencias no son correctas por sí mismas, pues como has visto desde el siglo XX el dinero no es más que un conjunto de papeles o monedas que por sí mismo tienen un valor irrisorio (un billete de 5 €, su coste real de fabricación es muy inferior al valor que representa).

Por tanto, el dinero en sí mismo no es una fuente fiable para obtener riqueza, ya que usted podría tener mucho dinero y sin embargo ser pobre, debido a la hiperinflación (cuando los bancos centrales emiten mucha cantidad de dinero, el precio del dinero pierde su valor desplomándose).

Por tanto, en vez de pensar en acumular dinero, hay que pensar en acumular activos (hablaremos más adelante sobre esto).

Inflación

El término inflación, en economía, se refiere al aumento de precios de bienes y servicios en un periodo de tiempo.

Es decir, la inflación disminuye nuestro poder adquisitivo.

Pongamos por ejemplo que hoy en día con 10 euros puedes comprar una entrada para ir al cine, y que pasados unos años, el precio medio de una entrada de cine es de 15 euros. En dicho escenario hemos tenido inflación, ya que el coste por un mismo servicio se ha incrementado, devaluando el precio del dinero.

Podemos ver que el dinero pierde valor a medida que pasa el tiempo, debido a que habitualmente suele haber una inflación en torno al 2 % anual.

Cuando la inflación es muy grande, hablamos de hiperinflación, y si por el contrario se produce una disminución de los precios, estamos ante la llamada deflación.

Según país y época se pueden apreciar estos efectos mencionados.

Por ejemplo, en Alemania en los años 20 se produjeron diversas temporadas de hiperinflación, donde los precios subían tan rápidamente que los trabajadores nada más percibir su salario debían comprar la comida para el resto del mes, ya que de haber guardado el dinero unos días su valor hubiera bajado tanto que no les hubiera permitido comprar casi nada.

Europa - últimos años

período	inflación
octubre 2016	0,508 %
octubre 2015	0,120 %
octubre 2014	0,381 %
octubre 2013	0,726 %
octubre 2012	2,492 %
octubre 2011	3,047 %
octubre 2010	1,944 %

Fuente: global-rates.com

Como podemos observar, la tendencia general y habitual es el de inflación, por lo que el dinero, al perder su valor conforme avanza el tiempo, refleja una vez más que si bien es necesario para el día a día, debemos pensar en formar nuestro patrimonio mediante la acumulación de activos.

Bancos

Un banco es una empresa financiera que se encarga de captar recursos en la forma de depósitos, y prestar dinero, así como la prestación de servicios financieros.

Todo el mundo sabe que son los bancos, los usamos a diario ya sean en sucursales físicas o vía online.

Una creencia muy española, es la de guardar dinero en los bancos y aportar el máximo posible a nuestra cuenta para 'ser ricos' o 'poder tener mucho dinero'.

Como has visto anteriormente, hay un enemigo contra esta teoría: la inflación.
Dejando el dinero en el banco, solo conseguiremos devaluar su valor, y cada día ser un poco más pobres en vez de más ricos.
Hace unos años, había depósitos bancarios donde a cambio de dejar tu dinero por un tiempo X, el banco te daba unos intereses por ello. En aquellos momentos no era difícil encontrar depósitos al 2,3, 4 y hasta 5% TAE.
Estaban por encima de la inflación, por lo que podíamos ganar un ligero poder adquisitivo, o al menos no perder el que ya teníamos.

Actualmente, los depósitos suelen ser muy bajos, por debajo de la inflación (que recordemos suele estar actualmente alrededor del 2%).
Otro aspecto a considerar, es el de cómo crean dinero los bancos.

Sin entrar en detalles técnicos ni complejos, supongamos que ingresamos 1000 euros en el banco. Dicho banco está obligado por ley a mantener un porcentaje de ese dinero en las reservas liquidas del banco, pero el resto puede ser prestado a otra persona. Dicho porcentaje suele oscilar entre 1 y el 2%, para el siguiente ejemplo será del 1%.

Imaginad que hoy nos han pagado un dinero pendiente, por lo que ingresamos 1000 € al banco → el banco guarda 10 € en la reserva, y presta los 990 € restantes a Juan → Juan compra una TV por 900 € a Carmen → Carmen ingresa dicho dinero en el banco → el banco guarda 9 € en la reserva, y da 891 € a Laura.

¿Cuánto dinero hay ahora en total en el banco?

Nosotros tenemos 1000 € en nuestra cuenta.

Carmen tiene 900 € en la suya.

Laura tiene 891 €.

En total hay 2891 euros. El banco ha creado 1881 euros partiendo de los 1000 euros que nosotros hemos ingresado.

¿Qué ocurre si todos o una gran mayoría de clientes decidieran sacar todo su dinero en un breve intervalo de tiempo?

Sería imposible. En Argentina pasó algo similar en el año 2001, el llamado 'corralito'.

Dicho esto, no significa que un banco sea malo en sí, tiene también ventajas, pero la conclusión a la que podemos llegar es que no es inteligente poner todo nuestro dinero en una cuenta de ahorro como tal (seguro que has oído eso de *no poner todos los huevos en la misma cesta*), ya que hay que **diversificar**.

Pensión pública en España

Mientras que en otros países las propias empresas o trabajadores establecen su propio plan de jubilación privado, aquí en España es muy frecuente obviar dicha práctica pues creemos que el Estado va a cubrir dicha necesidad, como lleva haciendo desde hace años.

Después de toda tu vida trabajando y pagando tus impuestos, ¿qué menos que poder disfrutar de una jubilación merecida?

Pero, ¿quién pagará realmente tu pensión?

El Instituto Nacional de Estadística publicó un trabajo en 2014 en el que proyectaba la población en España del año 2014 al año 2064. Del mismo se pueden obtener una serie de interesantes reflexiones:

- La edad media para tener un hijo, crecerá de los 31 hasta los 33 años a final del periodo.
- La tasa de nacimientos seguirá bajando progresivamente.
- España perderá en su conjunto una importante parte de su población con el paso del tiempo.
- El porcentaje de población mayor de 65 años será de un tercio de la población (33%). Mientras que actualmente está alrededor de un quinto (20%).
- La esperanza de vida subirá considerablemente tanto en hombres como mujeres.

Por tanto, la pirámide de la población se está desestructurando.

La base, que corresponde a la gente joven y de mediana edad, es cada vez más estrecha y la punta es cada vez más ancha. Y cuando una pirámide se desequilibra, ocurre lo inevitable: se desmorona.

El gobierno español ya hace un tiempo que ha empezado a tirar de la 'hucha' de las pensiones, usando dichos ahorros para ser capaz de pagar las pensiones actuales ya que se está ingresando menos dinero del que realmente se necesita.

¿Qué pasará cuando no haya más dinero en la 'hucha de las pensiones' (habiéndose ya agotado el fondo de reserva de la seguridad social)?

Ante esto en mi honesta opinión solo tienes una opción:

Crear tu propio plan de inversión, que por pequeño que sea, es mejor que no hacer nada. Y cuanto antes mejor. Como ya verás en la parte de este libro dedicada a la inversión en bolsa, **el TIEMPO es un factor CLAVE**, así que cuanto antes empieces mejor.

La bolsa

¿Qué es la bolsa?

La bolsa es un mercado, un lugar donde compradores y vendedores se reúnen para intercambiar un bien, por un precio acordado entre ellos.

La bolsa habitualmente permite a las empresas obtener financiación para seguir realizando sus actividades. Dichas empresas crean las acciones y las venden en la bolsa, por lo que por una parte la empresa obtiene un dinero que puede emplear en mejorar e innovar en su sector, y por la otra la persona que ha comprado dicha acción se convierte en accionista, es decir, en propietario de la empresa.

Algunas empresas, reparten parte de sus beneficios con los accionistas. A esa parte del beneficio que reciben ocasionalmente se le denomina dividendo.

No solo se negocia con acciones, en la bolsa podemos ver otros productos tales como la renta fija y productos derivados (futuros, opciones, warrants, etc).

En España por ejemplo, la bolsa está supervisada y protegida por la Comisión Nacional del Mercado de Valores (CNMV) que vela por su correcto funcionamiento.

Inversión y Especulación

NO, no es lo mismo.

La especulación es lo que a la mayoría de la gente le viene a la cabeza cuando les hablas de la bolsa, donde presuponen que se basa en comprar acciones baratas para venderlas luego más caras, o hacer operaciones de alto beneficio en un corto margen de tiempo y pegar el pelotazo.

Sí, es cierto que esto es posible, sin embargo no está al alcance de la mayoría, incrementa el riesgo y es una práctica que no recomiendo. Nosotros, como personas cautas que buscan una rentabilidad a su dinero sin necesidad de hacer esas arriesgadas filigranas, buscaremos la inversión.

Los especuladores necesitan dedicar muchas horas para encontrar esos chollos, analizar los mercados, realizar análisis técnicos y fundamentales, etc. mientras que el inversor, con la estrategia que propondré más adelante, no necesita hacer nada de todo esto ni tener todos esos conocimientos, sino seguir un sistema simple pero automatizado que le permita obtener rentabilidad sin preocupaciones.

Activos financieros

Como he comentado anteriormente, el inversor debe buscar el beneficio y la rentabilidad mediante la adquisición de activos.

¿Qué son los activos financieros?

Un activo financiero es un instrumento que canaliza el ahorro hacia la inversión. Se materializa en un contrato realizado entre dos partes que pueden ser personas físicas o jurídicas.

El comprador, que recibe el nombre de inversor, adquiere el derecho a recibir unos pagos que, en el futuro, deberán ser satisfechos por parte del vendedor del activo. Quien vende el instrumento es designado con el nombre de emisor, y recibe al transmitirlo una cantidad monetaria que le permite financiarse y que le genera la obligación de realizar unos pagos en el futuro al inversor o comprador.

Por tanto, es un medio de mantener riqueza para quien lo posee y un pasivo para quien lo genera.

Fuente: Luana Gava (www.expansion.com)

¿Qué activos podemos adquirir actualmente?

Existen una amplia gama de activos y productos financieros en los que invertir, pero veamos los principales, categorizados.

Renta fija

Los productos de renta fija reconocen una deuda para quien los emite y el inversor que los adquiere se convierte en acreedor de ese emisor.

Quizá los más conocidos son los bonos, que no son ni más ni menos que un instrumento financiero que emiten las empresas y gobiernos, representando un préstamo que estas entidades reciben de parte de los inversores.

Hay que tener cuidado con los bonos, pues no todos los bonos son iguales ni ofrecen las mismas garantías. Hay que huir de cualquier bono 'convertible' o bonos con nombres raros, ya que estos suelen acabar en fracaso.

Los bonos tienen, como todo, sus ventajas e inconvenientes, pero generalmente en una inversión inteligente y diversificada debemos tener una parte de nuestro patrimonio en renta fija, ya que suele reducir el riesgo de nuestra cartera y proporciona ingresos recurrentes.

Renta variable

La principal característica de los productos de renta variable es que en el momento de la adquisición no se conoce su posible rendimiento futuro. Las acciones ordinarias de las compañías cotizadas son los valores más conocidos y representativos de la renta variable.

Aquí es donde se intentan pegar los grandes pelotazos, y también donde la gente cae tarde o temprano estrepitosamente. Salvo que seas Warren Buffet, es muy difícil que aciertes en tu elección de empresas.

No entraremos en muchos más detalles, sólo decir que la inversión típica intentando pronosticar que hará el mercado, que empresa subirá o bajara, que acciones saldrán rentable a largo plazo y cuáles no, es muy improbable. Pueden ocurrir gran cantidad de eventos que den al traste con nuestro análisis fundamental y técnico de una empresa en el largo plazo, de ahí que el método que describo más adelante evitará este efecto, diversificando nuestro dinero y comprando no sólo una empresa, sino el mundo entero.

Productos derivados

Los productos derivados son productos de riesgo elevado. Su valor deriva de la evolución de los precios de otro activo subyacente.

Destacan: futuros, opciones, warrants, certificados, contratos de compra venta de opciones y contratos financieros por diferencias (CFD).

No recomiendo a un inversor no experimentado tratar con estos productos. Las probabilidades de perder dinero son demasiado altas.

Fondos de inversión

Un fondo de inversión es una institución de inversión colectiva que consiste en reunir fondos de distintos inversores para invertirlos en diferentes instrumentos financieros.

Un Fondo de Inversión (FI) no tiene personalidad jurídica propia. El patrimonio de un FI pertenece a las personas que realizan las aportaciones. Los FI están formados por la sociedad gestora, la entidad depositaria, el partícipe y las participaciones.

Sociedad Gestora: Encargada de gestionar el dinero de los inversores.

Entidad Depositaria: Encargada del depósito y vigilancia de los valores que componen la cartera del fondo de inversión.

Partícipe: El partícipe es la persona que realiza las aportaciones al fondo de inversión comprando o suscribiendo participaciones, sumando su patrimonio al de todos los demás partícipes del fondo. El partícipe es propietario del fondo de inversión en la misma proporción a las aportaciones realizadas respecto a los demás partícipes del fondo.

Participaciones: Una participación es cada una de las partes iguales en las que se divide el patrimonio del fondo. Éstas participaciones las compras y las vendes a la entidad gestora.

Los fondos de inversión son una alternativa de inversión diversificada, ya que invierten en numerosos instrumentos, lo que reduce el riesgo enormemente.

Tipos de fondos de inversión

Existen diversos tipos de fondo de inversión. Veamos los más comunes:

Según la clase de fondo

Fondos tradicionales: Los más extendidos, son los que invierten su patrimonio en acciones, bonos o una combinación de ambas.

Fondos cotizados o ETF (Exchange Traded Funds): Tienen las características de un fondo de inversión y también de una acción. Son negociados en los mercados bursátiles de la misma manera que las acciones y al igual que los fondos indexados, estos emulan a un índice o Benchmark, pero también utilizan técnicas de inversión avanzadas, como la adquisición de futuros, opciones y derivados.

Fondo índice: Fondos indexados, estos replican un índice, comprando los valores de este con las ponderaciones otorgadas y emulando el rendimiento del índice. El riesgo asumido es bajo y los costes de este tipo de fondos están entre los más bajos. Este tipo de fondos destacan por tener menores costes. No intentan batir al mercado, sino seguir su tendencia por lo que estadísticamente y a largo plazo son los que mejor beneficio generan al pequeño inversor, frente a sus homólogos gestionados activamente (los que cualquier banco te intenta *vender*). Son los que usaremos nosotros.

Según la forma de gestión

Fondos de gestión activa: Fondos gestionados por corredores de bolsa, que intentan mejorar el Benchmark invirtiendo según los criterios de sus corredores. El coste de estos suele ser un 2 % de lo invertido en cuanto a comisiones. Suelen tener peor rendimiento que los fondos de gestión pasiva.

Fondos de gestión pasiva: Al contrario que en los fondos de gestión activa, estos fondos replican a su Benchmark. Tienen comisiones mucho más bajas que en su versión con gestión activa. Destacan en esta categoría los ETF y los fondos indexados.

Según la distribución de sus beneficios

Fondos de distribución: En estos fondos se reparten de manera periódica los dividendos o intereses obtenidos de los activos en los que se ha invertido.

Fondos de acumulación: En estos fondos no se reparten dividendos entre los partícipes, se van acumulando en el propio fondo aumentando el valor de las participaciones.

Es decir, los fondos de inversión nos proporcionan:

- → Diversificación: Si con 200€ podemos comprar 5 acciones de una empresa X, en un fondo con el mismo dinero podemos comprar decenas o cientos de acciones no solo de la empresa X, sino de muchísimas más, debido a que no solo hay nuestro dinero, sino también el de otros participantes.

→ Ventajas fiscales: Los fondos de inversión están exentos de tributación hasta el momento del reembolso. Ésta es una ventaja muy grande para la estrategia que vamos a realizar. Sin olvidar que no tienen comisiones ni de compra, ni de venta ni de mantenimiento.

→ Comodidad: Ahorro de tiempo frente a la compra directa de acciones, sin olvidad la facilidad de poder acceder y comprar empresas de cualquier parte del mundo de manera más sencilla.

¿Qué es un índice bursátil?

Un índice bursátil es un indicador que facilita la tarea de conocer la evolución y comportamiento de un mercado financiero.
Los fondos de inversión los utilizan como índices de referencia o Benchmark, es decir, una manera rápida de saber que está haciendo la Bolsa en cualquier momento y ver como se está comportando nuestra inversión.

Sobre las ventajas fiscales:

Una pareja acude a la consulta de un terapeuta sexual. Sin más preámbulos el caballero le dice al médico:

- Doctor, ¿podría usted observarnos mientras tenemos relaciones sexuales?

El médico queda un poco atónito, pero acepta. Cuando la pareja termina, el doctor les dice:

- No hay nada de malo en la forma como ustedes hacen el amor... (Y les cobra 32 euros por la consulta).

Esto sucedió varias semanas seguidas. La pareja pedía una cita, llegaban, mantenían relaciones sexuales sin problemas, pagaban al doctor y salían.

Finalmente, un día, el doctor les pregunta:

- ¿Qué es exactamente lo que ustedes desean saber?

El paciente le dice:

*Ella está casada y no podemos ir a su casa. Yo también estoy casado y no podemos ir a mi casa. El hotel Iberostar Cristina cobra 50 euros. El Meliá Palas Atenea cobra 78 euros. El hotel Son Vida cobra 125 euros.
Aquí lo hacemos por 32 euros.*

¡Y el seguro médico me reintegra 28 euros!

¿Qué conclusión podemos sacar de este conocido chiste? Que hay que ser capaz de esquivar a Hacienda (de forma legal).

Los fondos de inversión no deben tributar a Hacienda por su traspaso o por la reinversión de los beneficios, solamente hay que pagarles en el momento en que decidamos vender el fondo (y sólo por los beneficios obtenidos, no por el dinero que hayamos ido invirtiendo, claro está).

Invertir en bolsa

Riesgos

Muchos libros, autores y publicaciones te hablan de las bondades de invertir en bolsa, de cómo invirtiendo cierta cantidad de dinero X serás millonario. Sí, esto es posible en la bolsa, pero no está exento de riesgo, y me gustaría empezar hablando del mismo antes de nada, pues es algo que todo inversor debe entender (y prepararse mentalmente para ello).

Definamos primero los términos rentabilidad, riesgo y liquidez:

- Rentabilidad: beneficio obtenido por un activo financiero en relación a su coste de adquisición. Ejemplo: Compramos un bono por valor de 100€ y tras su vencimiento recibimos 103€. Hemos obtenida una rentabilidad positiva del 3%.

- Riesgo: probabilidad de que un activo, a lo largo del tiempo, cumpla o no con la rentabilidad esperada. A mayor probabilidad de impago, el riesgo será mayor.

- Liquidez: mide la facilidad y certeza que tiene un activo para convertirse en dinero a corto plazo sin sufrir pérdidas.

Hay que entender desde YA que no hay rentabilidad sin riesgo, ni riesgo sin rentabilidad.

La relación entre los tres es clara:

A mayor riesgo, mayor rentabilidad y a menor liquidez mayor rentabilidad.

Por tanto, si alguna vez vemos un producto con una rentabilidad muy alta y nos insisten en que es seguro, desconfiad e investigadlo por vuestra cuenta, no os fieis de cualquiera (véase el fraude de las preferentes).

Aunque el método que explicaré a continuación es probablemente la opción más segura para invertir a largo plazo y obtener un buen patrimonio, nadie puede garantizar el éxito absoluto, pero lo que sí se puede decir es que si se diversifica mundialmente es (prácticamente) imposible perder dinero a largo plazo.

Más adelante explicaré la razón por la que el método aquí propuesto es el más inteligente, y el que nos maximiza la relación entre bajo riesgo y alta rentabilidad.

Rentabilidad

¿Por qué invertir en bolsa?

Sin lugar a dudas, por la rentabilidad histórica que se obtiene.

Como comentaba anteriormente, no hay rentabilidad sin riesgo, pero si tuviera que apostar a una sola carta, esa sería la bolsa sin lugar a dudas.

Veamos un gráfico de la rentabilidad de la bolsa americana S&P 500:

Fuente: www.macrotrends.net

Como vemos, a pesar del crack del 29 o el crack del 87, la bolsa americana siempre se ha repuesto. Ejemplos más cercanos en la bolsa europea con el *Brexit (la salida de Inglaterra de la zona Euro)* demuestran que tras un primer batacazo inicial, todo vuelve a su cauce.

El factor tiempo es clave, pues el tiempo erosiona el riesgo asociado y tiende a reajustarse.

No hay que olvidar que invertir en bolsa, es invertir normalmente en empresas reales, en un mercado real y evolutivo, por lo que ante cualquier eventualidad las empresas van a tratar de superarla e innovar en su negocio.

Como vemos en el gráfico anterior, la ganancia media está en torno al 11% anual.

En España sólo tenemos datos desde 1988, pero el IBEX 35 ha rendido a un 8% aproximadamente.

Muy bien, pero ¿qué pasaría si se produce un evento mundial o situación muy importante que afecte a la bolsa?

Pues como la historia ha reflejado, durante unos años las bolsas caerán y un clima apocalíptico reinará. Que no cunda el pánico. Tras estos años de incertidumbre, la bolsa recuperará y todo volverá a la normalidad.

Por tanto, debemos estar preparados psicológicamente para poder afrontar dichos periodos de incertidumbre. Es muy posible que a lo largo de tu inversión se presentes noticias en los medios de comunicación de índole dramática que vaticinen la caída de la bolsa.

Puede que pierdas un 50% de tu inversión durante dichos periodos, por lo que tienes que ser capaz de resistir y ser fuerte psicológicamente, sabiendo que a largo plazo recuperarás lo perdido y además ganarás mucho más. Los mercados pueden ser volátiles en el corto plazo, pero tienden a revertir a la media y crecer en el largo plazo.

Las crisis en bolsa deben ser vistas como oportunidades, cuando otros vean dichas bajadas como algo negativo, nosotros debemos pensar en ello como una oportunidad para seguir comprando más barato e incrementar nuestro patrimonio.

Método a usar para invertir en bolsa: Parte teórica

En qué consiste

A grandes rasgos, en ahorrar cada mes una cantidad de dinero e invertirlo en un fondo de inversión indexado de forma automática, sin que necesite intervención por tu parte. Ya tenemos desgraciadamente demasiadas preocupaciones en la vida, así que tu inversión no debería ser una de ellas.

Nuestra filosofía de inversión, será invertir cada mes, pase lo que pase en el mercado, ya suba o se desplome.

Ya he comentado anteriormente que era un fondo de inversión indexado, y la razón por la que la estrategia se base en este producto es ni más ni menos que no vamos a poder pronosticar el mercado. Nadie sabe cuándo una compañía va a quebrar, ni cuando una empresa subirá o bajará su cotización en la bolsa, por tanto, ¿por qué intentar batir al mercado? Basta con que sigamos su tendencia, pues como ya has visto a largo plazo siempre ha sido positiva.

Nuestra filosofía inversora está muy ligada a la metodología de inversión que 'inventó' John Bogle, fundador de Vanguard.

Hoy en día los fondos Vanguard son la *créame de la créame* en cuanto a fondos indexados se refiere de entre todos los que existen.

Volviendo a la idea principal, nuestro método (y permítame hablar en plural desde ahora, porque yo también me incluyo) se basará como he dicho en invertir una cantidad de dinero cada mes, ya sea 50, 100, 500 o la cantidad que podamos, de un dinero que no vayamos a necesitar, así que es muy importante que vivamos en torno a nuestras posibilidades, y ahorremos cada mes un poco; las deudas, tarjetas de crédito e hipotecas son nuestros enemigos.

Nuestro objetivo es alcanzar la libertad financiera (o jubilarnos millonarios) así que procura reducir tus gastos y maximizar tu ahorro siempre que sea posible.

Por qué elegir esta estrategia

Ya has visto como históricamente la bolsa a largo plazo siempre da rentabilidad positiva y alta.

Hay muchos productos financieros y estrategias, y si bien es cierto que todas son válidas y se pueden ajustar al perfil y conocimientos de cada persona, aquellos que busquen una forma sencilla, eficaz y sin necesidad de haber estudiado ciencias económicas debería optar por los fondos indexados.

Una estrategia de la que se ha hablado últimamente y que me gustaría hacer un pequeño análisis sobre la misma, es la de la inversión a largo plazo comprando acciones directamente de empresas que reparten dividendo.

Primero, como pequeño inversor comprar las acciones directamente supone disponer de un mínimo capital, a tal de minimizar las comisiones. Esto con nuestra estrategia no pasa, tú puedes invertir cualquier cantidad.

Segundo, la diversificación es mucho menor. Ya hemos comentado que nadie sabe qué futuro le depara a una empresa o mercado, así que invirtiendo en un fondo se consigue esta diversificación de forma mucho más sencilla que teniendo que comprar acciones manualmente.

Tercero, hay una pequeña 'trampa' que no se suele comentar: Supongamos que tenemos una acción de Iberdrola que cotiza a 100 euros a día 1 de marzo.

Imaginemos ahora que el día 2 de marzo, Iberdrola decide pagar 10 euros de dividendo. Lo que ha ocurrido previo a este dividendo, es que el día 2 de marzo la acción de Iberdrola comenzará cotizando 90 euros. El dividendo no es algo que surge de la nada, sino que se descuenta del valor de la acción.

Así, si cobramos 10€ de dividendo, deberemos pagar 2 euros de impuestos (aproximadamente, según legislación vigente).

Es decir, el efecto final es:
100 euros - 10 euros + 10 euros - 2 euros = 98 euros.
¡Exacto! Lo que ha pasado realmente es que has perdido 2 euros de valor.

Sin embargo, si inviertes en el fondo de inversión que tiene una acción de Iberdrola en la cartera, no pierdes nada. Esto ocurre porque el fondo tiene una fiscalidad interna que le permite no tributar por los dividendos recibidos. Además, el fondo se encarga de reinvertir los dividendos para que la bola siga creciendo (lo explicaremos a continuación, la magia del interés compuesto).

Te estarás preguntando ahora mismo, si esta estrategia es tan buena, ¿por qué no lo usa todo el mundo, y por qué nunca habías oído hablar de ella, y no morirá de éxito si todos lo usáramos?

Lo primero de todo, es que en España NO existe cultura financiera. Es una asignatura pendiente que debería ser obligatoria en todos los estudios desde primaria hasta la universidad.

Si vas a tu banco, y le pides invertir en fondos, ellos jamás te hablaran de este tipo de fondos indexados, ya que a ellos les interesa venderte el suyo, donde ellos cobran jugosas comisiones.

Este sistema, con los datos de los que disponemos hasta ahora, ¿jamás ha fallado?

Si analizamos todos los mercados mundiales, la estrategia aquí planteada siempre ha funcionado con la excepción de la bolsa japonesa.

Sin embargo, la bolsa de Japón debería ser tomada como una excepción y no tenerse en cuenta. Si estás interesado en saber que ocurrió en Japón te recomiendo visitar este enlace donde se hace un breve análisis: http://www.euribor.com.es/bolsa/la-bolsa-de-japon-mantiene-una-tendencia-bajista-tras-25-anos/

A modo de resumen, lo que pasó en Japón debe ser considerado como un caso excepcional y aislado, así que obviando a Japón vemos como este método funciona y ha funcionado con todos los principales mercados mundiales.

A diferencia de otro tipo de inversiones, invertir de la manera aquí propuesta significa que el sistema replicará al índice de referencia que siga de forma fiel. Por tanto, no es posible morir de éxito en caso de que este método se haga más popular. Si muchas personas empezaran a usarlo no pasaría nada, ya que la rentabilidad seguiría siendo la misma para todos acorde a la del mercado.

Por tanto, para todo aquel que desee invertir en bolsa, con un método sencillo, sin que le quite el sueño y de forma automática, entre todos los productos y activos que existen en la actualidad, la inversión en fondos indexados a largo plazo ha resultado ser de las más segura y rentable en bolsa.

Cómo funciona: El interés compuesto

"Compound interest is the eighth wonder of the world. He who understands it, earns it ... he who doesn't ... pays it."

— Albert Einstein

Que acertado estaba Albert Einstein. El interés compuesto es la fuerza más poderosa que tenemos para aumentar nuestro patrimonio.

Se basa en la idea que cada vez que nuestra inversión ha generado un beneficio o interés, dicho beneficio se suma a la propia inversión para generar a su vez un nuevo y mayo rendimiento.

Por ejemplo, imagina que tenemos 100 euros y ganamos un 10%, obteniendo 110 euros. Al siguiente año volvemos a obtener un 10% de rentabilidad pero esta vez no ganaremos 10 euros, sino 11 euros, ya que la base inicial ha cambiado (no empezamos de 100 sino de 110 euros), y así año tras año va creciendo a lo largo del tiempo de manera exponencial con resultados espectaculares.

Por tanto, nuestra estrategia intenta aprovechar al máximo el interés compuesto para obtener la máxima rentabilidad por periodo de tiempo.

Veamos una tabla, donde se ve el dinero que podemos esperar, suponiendo que realizamos unos ingresos periódicos regulares (que aumentaran acorde a una inflación del 2%). Como se puede ver es posible ser MILLONARIO.

Ingreso Mensual	Rentabilidad	Tiempo	Dinero Total
100 €	7%	13 años	28,267 €
100 €	7%	26 años	106,786 €
100 €	7%	40 años	337,932 €
100 €	9%	13 años	32,763 €
100 €	9%	26 años	147,933 €
100 €	9%	40 años	584,163 €
200 €	7%	13 años	56,535 €
200 €	7%	26 años	213,569 €
200 €	7%	40 años	675,846 €
200 €	9%	13 años	65,527 €
200 €	9%	26 años	295,862 €
200 €	9%	40 años	**1,168,302 €**
400 €	7%	13 años	113,071 €
400 €	7%	26 años	427,153 €
400 €	7%	40 años	**1,351,765 €**
400 €	9%	13 años	131,056 €
400 €	9%	26 años	591,741 €
400 €	9%	40 años	**2,336,706 €**

Fuente propia

Si deseas ver que dinero podrías conseguir con otras rentabilidades y/o cantidades, basta que busques en cualquier buscador de Internet por 'calculadora interés compuesto online'.

Por ejemplo para esta tabla, he usado ésta: http://www.thecalculatorsite.com/finance/calculators/compoundinterestcalculator.php

Como ves, el interés compuesto es la 'magia' que mueve todo este sistema. Gracias a él podemos jubilarnos millonarios. De ahí que el factor tiempo sea clave, cuanto antes empieces a invertir antes empezará el efecto bola de nieve del interés compuesto. HOY es el mejor día para empezar, no esperes a mañana.

Si eres impaciente, y pretendes dar un pelotazo y jubilarte a los 45 años, entonces lamentablemente no es posible, las matemáticas son claras.

Ya que no podemos sustituir la variable del tiempo, si quieres jubilarte antes empieza cuanto antes y aporta la mayor cantidad de dinero posible para acelerar el sistema.

Dudas que pueden surgir

Cuando explicaba la idea y metodología de este libro a familiares y amigos, siempre han surgido algunas cuestiones concretas o dudas interesantes, por lo que me gustaría hacer dos o tres comentarios breves sobre ellos en caso de que te ocurra lo mismo.

Veamos las objeciones que me presentaban con mayor frecuencia:

- **Si sigo este método, deberé renunciar a mi dinero, a mis caprichos, a disfrutar del dinero**

Claro que no. Tú debes seguir disfrutando de tu vida en la medida de tus posibilidades, si quieres seguir viajando o ir a cenar de vez en cuando adelante.

Lo que debes hacer es apartar una cantidad mensual destinada a la inversión, y disfrutar con el resto. Piensa en la cantidad que invertirás cada mes como si fuera una factura más que debes pagar sí o sí, como un gasto imprescindible.

- **Esto de la bolsa pinta bien, pero siempre he oído que en la bolsa se pierde el dinero.**

Ya lo he comentado cuando hablaba acerca del riesgo y rentabilidad, que no hay ningún sistema 100% seguro. Recordemos que no hay rentabilidad sin riesgo. Sin embargo, a largo plazo has visto como es prácticamente imposible perder dinero, ya que el tiempo erosiona cualquier riesgo asociado.

Los datos históricos están ahí, en ningún periodo superior a 10 años se ha perdido dinero en la bolsa americana, ni si quiera en puntos máximos previos a un crack bursátil o explosión de una burbuja.

Entonces, los que pierden dinero en bolsa, ¿por qué lo pierden?

Suele ser una combinación de factores, tales como intentar dar un pelotazo en poco tiempo actuando a corto plazo o invertir sin tener un plan (cambiando de estrategia, sin disciplina e invirtiendo según las recomendaciones de algún 'experto').

- **¿Qué ocurriría si la fiscalidad para los fondos de inversión cambiaran?**

En dicho caso, cosa que parece muy improbable, la estrategia aquí propuesta sería la misma, cambiando fondos de inversión indexados por ETF's. Si se diera tal circunstancia, no te preocupes pues la entidad gestora con la que operarás se haría cargo de todo de forma automática.

- **Imagina que la bolsa ha caído más de un 30%, y sigue a la baja, ¿debería vender? Es posible que me asuste ante tal circunstancia.**

Jamás vendas con las caídas en bolsa, tú debes ver las caídas como una oportunidad más, y seguir fiel al método invirtiendo mensualmente pase lo que pase. Recuerda que debes tener disciplina, ser capaz de afrontar esos momentos de volatilidad del mercado.

Por eso, el método que explicaremos sólo necesita de tu intervención una vez para empezarlo, luego funciona de forma automática sin que tengas que hacer nada más.

- **Y una vez alcanzado mi objetivo y sea el momento de jubilarme, ¿cómo hay que proceder para disfrutar de nuestra inversión?**

Bueno, hay varias formas de hacerlo. Comentaré tres que me parecen acertadas:
1- Venderlo todo e ir gastando hasta que se acabe.
2- Venderlo todo e invertirlo en un producto que te de rentas mensuales: un depósito, seguro de rentas o un ETF tipo *SPDR S&P Global Dividend Aristocrats UCITS* (invertir en un ETF llegado el momento de la jubilación lo veo correcto, pero no antes ya a que se deben pagar impuestos regularmente por los dividendos que dan, en perjuicio de la magia del interés compuesto).
3- Mantener los fondos originales e ir vendiendo conforme se necesite el dinero.

- **Yo cobro muy poco, y no tengo dinero para invertir.**

Como has visto, no hace falta invertir mucho dinero para que el interés compuesto haga su magia. Por tanto, aunque sea poco, debes ahorrarlo e invertirlo. Recuerda que en los fondos de inversión, salvo la apertura inicial del fondo que son 1000 euros, el resto de meses puedes aportar lo que puedes (incluso 5 euros buenos son, todo suma).

- **Yo no sé nada de bolsa, prefiero que un asesor del banco lo gestione todo por mí.**

Error y de los gordos. ¿Os acordáis del caso de las preferentes? ¿Crees que algún asesor del banco se molestó en leerse todos los riesgos asociados, y explicárselo a los clientes, o por el contrario buscó el interés del banco y cobrar sus comisiones?

Seguro que sabes cambiar de canal en la TV, sin que ello implique que hayas diseñado el mando que lo controla y sepas cómo funciona el circuito eléctrico. Aquí es lo mismo, no hay que ser un experto para poder gestionar tu dinero. ¿O tú le darías las llaves de tu casa a cualquier persona? Entonces, no lo hagas con tu dinero.

A continuación veremos la parte práctica de nuestra inversión, es decir, cómo poner en práctica todo lo que has aprendido de forma sencilla y automática. No te llevará más de 10 minutos ponerlo en práctica. Así que no te fíes del primer 'asesor experto bancario' que se te presente y empieza a invertir tú, de forma inteligente, ¡hoy mismo!

- **¿Qué ocurriría si necesito dinero, debo sacarlo del fondo de inversión?**

La idea de este método consiste en no retirar nunca el dinero hasta llegar a nuestra meta. Si retiras dinero, rompes la cadena del interés compuesto y deberás volver a empezar. El dinero que inviertas en el fondo, debes verlo como un dinero 'perdido', como si hubieras pagado por un servicio que ya te han prestado. De ahí que es muy importante tener un colchón de ahorros en tu cuenta bancaria que te cubra ante un imprevisto o gastos habituales durante al menos 6 meses. Sólo ante un caso extremo deberías retirar tu dinero.

- **¿Qué ocurriría si momentos antes de jubilarme y disfrutar de toda mi inversión, la bolsa cae?**

Para evitar esta situación, a medida que se acerca nuestra edad de jubilación, deberemos invertir menos en renta variable y más en renta fija. Vale, y ahora me preguntaras como debes hacer eso. La respuesta es sencilla, no tienes que hacer nada, dicho ajuste te lo hará de forma automática la gestora del fondo acorde a tu edad actual y perfil de riesgo.

- **¿Este método, es tuyo?**

No, y aunque me haya referido varias veces al *método*, más que un método sería una filosofía estructurada, sencilla y eficaz de inversión, donde se intenta minimizar el riesgo y maximizar la rentabilidad a largo plazo.

Si quieres saber más te recomiendo que busques a John C. Bogle, pues fue el pionero en esta filosofía que pretendo explicarte y que pongas en marcha, a tal de conseguir tu independencia financiera y/o jubilarte millonario. Lo propuesto en este libro es una filosofía enfocada a la inversión a largo plazo, pero la responsabilidad final sobre invertir o no siempre será tuya.

Método a usar para invertir en bolsa: Parte práctica

Finalmente, tras todo la parte teórica y la introducción a conceptos necesarios, llegamos a la que sea tal vez la parte más deseada, donde explicaré cómo empezar a poner en marcha tu sistema de inversión de forma sencilla.

Lo iremos viendo paso a paso, y te puedo asegurar que no te llevará mucho tiempo ponerlo en práctica, pues contrario a lo que pueda parecer, poner en práctica nuestra filosofía de inversión son apenas minutos. Empecemos.

Paso 1: Elegir y abrir cuenta con un bróker

El bróker es nuestro intermediario, es decir, será nuestro puente para invertir en los fondos indexados a nuestro nombre y gestionarlo todo.

Si hubiera escrito este libro en 2015 o antes, probablemente hubiera optado por recomendarte abrir una cuenta en Renta 4 o Self Bank. Pero actualmente disponemos de un bróker muy bueno, con una gestión eficaz y bajas comisiones, por lo que mi recomendación es que abráis una cuenta con *Indexa Capital*.

El porqué de esta recomendación es simple, con Indexa Capital te aseguras de:

- Bajas comisiones

- Perfil de riesgo ajustado a ti: Te harán un cuestionario antes de empezar a invertir, y en función de tu aversión o propensión al riesgo ajustaran tu fondo de inversiones. Recuerda a mayor riesgo mayor rentabilidad y viceversa.

- Te ajustan de forma automática tu cartera de inversión, de manera que cuando te acercas a tu edad de jubilación reajustaran tu cartera para reducir cualquier riesgo bursátil.

- Inversión en fondos Vanguard, considerados los mejores fondos indexados disponibles hoy en día.

- Puedes invertir desde 1 euro, y cuando acumules un mínimo se invierte automáticamente.

- Reajustan tu cartera de forma automática para ceñirse a tus objetivos de rentabilidad, por lo que olvídate de reajustes manuales.

- Están adheridos a FOGAIN, el fondo general de garantías de inversiones.

- Hacen una diversificación muy buena según tu perfil de riesgo, entre renta fija y renta variable, comprando acciones de prácticamente todas las empresas mundiales (sí, podríamos decir que eres en parte 'dueño del mundo')

Indexa Capital, además, ofrece una bonificación por traer a un amigo o venir referidos por parte de ellos, de hasta 5000 € libres de comisiones.

Es decir, si te registras usando este enlace: https://indexacapital.com/es/t/8Gmbdx

Tú y yo ganaremos. Por tu parte, los primeros 5000 € que inviertas con ellos estarán libres de cualquier tipo de comisión por parte de Indexa Capital.

Por mi parte, si te has registrado desde el link que te he proporcionado, yo también recibiré 5000 € extras en los que no tendré que pagar comisiones sobre dicho dinero.

Eres libre de registrarte sin referirte a mí, pero piensa que no sólo no te cuesta nada sino que además te beneficias de 5000 € libres de cualquier comisión por parte de la gestora.

Veamos pues, como hay que abrir una cuenta en Indexa Capital:

1- Ir a esta dirección web: https://indexacapital.com/es/t/8Gmbdx

2- Haz el test inicial para ajustar tu cartera acorde a tu nivel de riesgo

3- Rellena el formulario con tus datos personales

4- Imprime dos documentos que te aparecerán en la web tras rellenar el formulario (también te los enviarán a tu correo electrónico), y fírmalos.
Selecciona en la misma página una fecha en la que desees que un mensajero pase a tu casa a recogerlos firmados de forma gratuita.

¡Listo! Ya has abierto tú cuenta.

Paso 2: Elegir los fondos de inversión

¿No habíamos dicho que nos gustan las cosas sencillas, automáticas y a ser posible requieran la mínima intervención por nuestra parte?

Pues no tienes que hacer nada. Cuando abriste tú cuenta en Indexa Capital, ellos te subscribieron de forma automática a los fondos de inversión Vanguard, ponderando (ajustando el porcentaje dedicado a cada uno), en función de tu perfil de riesgo. Así que ellos invierten el dinero que aportes mensualmente a renta fija y variable de forma automática.

Los fondos más usados habitualmente son:

- Vanguard US 500 Stock Index Inv

Es un fondo abierto incorporado en Irlanda cuyo objetivo es hacer un seguimiento del índice Standard & Poor 's 500 Composite Stock Price Index. Por tanto, el fondo invertirá en acciones de grandes empresas estadounidenses.

- Vanguard Eurzn Infl-Lnkd Bd Idx Inv

El objetivo es proporcionar retornos consistentes con el rendimiento del Inflation-Linked Barclays Eurozona Bond Index. El Fondo invierte en bonos ligados a la inflación, denominados en euros, contenidos en este índice. Renta fija.

- Pictet-Europe Index

Este fondo tiene como objetivo replicar el índice Standard MSCI Europe. Este objetivo se consigue mediante la inversión en una cartera de acciones. El fondo se gestiona de forma pasiva y tiene como objetivo minimizar el tracking error (diferencia entre los rendimientos de la clase de acción y los del índice de referencia).

- Vanguard Euro Government Bond Index Inv

El objetivo del fondo es proporcionar retornos consistentes con el rendimiento del Barclays Capital Government Bond Index Euro-Aggregate. Renta fija.

- Vanguard Emerging Markets Stock Index Investor

Vanguard Emerging Markets Stock Index Fund es un fondo abierto constituido en Irlanda. El objetivo del fondo es el seguimiento del rendimiento del Índice Fondo MSCI Select Emerging Markets Index Stock, (índice de empresas de 18 mercados emergentes de Europa, Asia, África y América latina).

Pero como ya has visto, tú no tienes subscribirte a los fondos o hacer nada, es todo automático tras tu registro y alta con en el bróker.

Paso 3: Automatizar tu inversión

Ya he comentado varias veces que cuanto más simple sea nuestro sistema mucho mejor. Suponiendo que ya hayas abierto la cuenta, hayas elegido los fondos en los que invertir (ha sido automático al abrir la cuenta), ¿qué te queda?

Pues lo más importante, aportar dinero cada mes de forma automática.

¿Por qué automática? ¿Por qué no ponerme un aviso en Google Calendar o similar y transferirlo tú mismo cada mes?

Este método se basa en la simplicidad y la automatización, es decir, que no dependa de ti para funcionar. Aunque al principio lo hagas, tarde o temprano o bien te olvidaras o bien te dará pereza, así que la única opción es automatizarlo, como si fuera una factura más al mes.

¿Qué cantidad invertir cada mes?

Eso ya depende de tu situación personal, y de cuanto puedas ahorrar cada mes. No hay una cantidad o número mágico que sirva para todos. Como recomendación personal, siempre he aconsejado invertir el 20 % de nuestro salario neto, pero eso depende claro está de cuanto ganemos. No es lo mismo tener un sueldo neto de 700 € al mes que uno de 2000 €, por tanto deberás ajustarlo a tu caso concreto. A modo de sugerencia, te diría que empieces con un objetivo exigente, pues siempre estas a tiempo de bajarlo si fuera necesario, pero siempre dentro de tus posibilidades.

¿Cómo automatizarlo?

Es muy simple, todo banco tiene la opción de realizar transferencias o bien puntuales o bien periódicas.

En nuestro debemos crear una orden para realizar una transferencia periódica para que cada mes desde nuestro banco se transfiera el dinero a nuestra cuenta asociada con Indexa Capital, así de simple.

Pues ya has acabado. Desde ahora tu sistema de inversión está en marcha, de forma automática sin necesidad de más intervención por tu parte.

¿A qué ha sido fácil? Bienvenido al club del inversor inteligente.

Resumen: Puntos clave

- La inflación es tu enemiga, devalúa el precio del dinero, por lo que intentar acumularlo sin darle ninguna rentabilidad, a largo plazo nos empobrece y perderemos poder adquisitivo.

- No sabemos qué ocurrirá en el futuro con la pensión en España, así que no sería prudente jugártelo todo a una carta y depender de que el Estado pague tu jubilación.

- La bolsa es el activo más rentable que se conoce, aunque es volátil en el corto plazo ya que el ser humano es irracional.

- La combinación de fondos indexados + tiempo + interés compuesto define la esencia de nuestra estrategia inversora.

- Debes prepararte psicológicamente para soportar caídas en la bolsa. Recuerda que no es un sprint, sino una carrera de fondo, por lo que debes invertir mensualmente y de forma automática pase lo que pase.

- **Empieza YA. El tiempo es un factor clave del interés compuesto.**

Palabras finales

Si has llegado hasta aquí, debo agradecerte la confianza depositada al comprar este libro así como por el tiempo que has dedicado a leerlo.

Si bien no es un libro extenso, enfocado mucho a una temática y metodología concreta de inversión de manera práctica, espero haber despertado tu curiosidad y deseo por conocer más acerca del mundo bursátil. Como has podido ver, realmente con el método aquí descrito cualquier persona puede invertir sin necesidad de disponer de grandes capitales o hacer complejas operaciones.

La simplicidad y eficiencia no sólo en bolsa, sino en cualquier aspecto de tu vida es importante, ya que a veces intentamos realizar la opción más difícil aunque tengamos la opción más simple ante nosotros, por tanto en ambos casos recomiendo tranquilidad y pensar bien lo que vamos a hacer, sobre todo si invertimos nuestro dinero.

Si te gustaría seguir aprendiendo sobre el tema, hay muchísimas lecturas que pueden completar tus conocimientos, pero yo te recomendaré las tres que me parecen más adecuadas:

- Los Cuatro Pilares de la Inversión, escrito por William Bernstein
- Un Paseo Aleatorio Por Wall Street, escrito por Burton G. Malkiel
- El Pequeño Libro para Invertir con Sentido Común, su autor es John C. Bogle

Si tienes cualquier duda, sugerencia o tienes algún contenido que te gustaría anexionar al libro, por favor envíame un email a: invertir.en.bolsa.desde.casa@gmail.com

Del mismo modo, si te gustaría estar informado y recibir algún mensaje mío en momentos puntuales, tales como si hubiera algún posible cambio en el bróker o su operativa, en los fondos Vanguard, actualizaciones del libro o noticias, también envíame un email a: invertir.en.bolsa.desde.casa@gmail.com con el asunto: 'noticias de inversión' y te añadiré a la lista. Tranquil@, prometo no molestarte enviándote correos electrónicos cada día.

Por último, pedirte que si te ha gustado el libro, se lo recomiendes a tus familiares y amigos, ayúdales a mejorar su futuro al igual que harás con el tuyo desde hoy (recuerda, empieza a invertir HOY).